Illisibilité partielle

Contraste insuffisant
NF Z 43-120-14

VALABLE POUR TOUT OU PARTIE DU
DOCUMENT REPRODUIT.

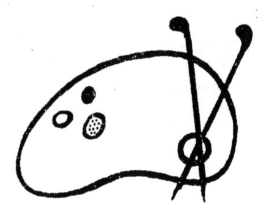

Original en couleur

NF Z 43-120-8

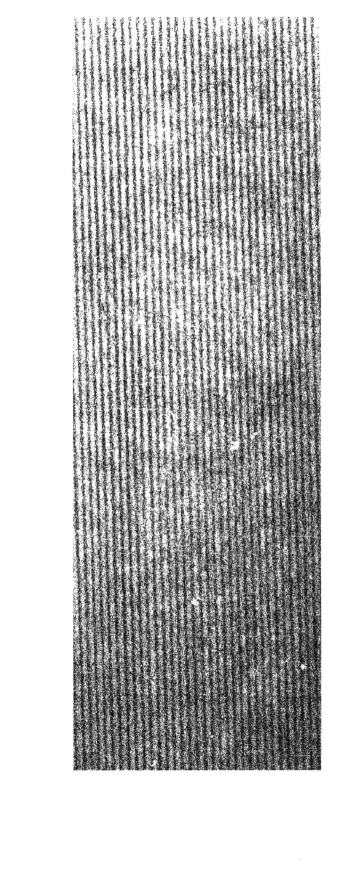

LA

MESSALINE DE BORDEAUX

Extrait des *Mémoires de la Société Archéologique de Bordeaux.*

(Tiré à *cent* exemplaires).

LA

MESSALINE

DE BORDEAUX

PAR

Ph. TAMIZEY de LARROQUE

Correspondant de l'Institut.

BORDEAUX

P. CHOLLET, libraire-éditeur

53, COURS DE L'INTENDANCE, 53

—

1884

MESSALINE DE BORDEAUX

Un de nos meilleurs érudits, M. Ludovic Lalanne, a
publié dans le numéro de l'*Art* du 14 mai 1882, un article
fort intéressant sur la statue antique découverte à Bordeaux, le 21 juillet 1594, et qui représentait l'impératrice
Messaline. Par une singulière fatalité, le jour même où
paraissait l'article de mon savant ami, je lui adressais divers documents, trouvés à la dernière heure, relatifs au
sujet qu'il venait de traiter. Ces renseignements arrivés
trop tard, je les utilise ici, et j'y joins quelques notes que
j'avais déjà eu le plaisir de communiquer à M. Lalanne,
mais dont, désireux de marcher vite et droit (car il n'est
pas de ceux qui, comme moi, s'attardent dans les sen-
tiers sinueux), il a fait brève mention plutôt que réel
usage. Tout cela formera un supplément à la notice de
l'excellent critique, et ceux qui voudront connaître l'histoire complète de la Messaline de Bordeaux, devront rap-
procher des renseignements condensés dans les pages du
splendide recueil parisien, les renseignements qui vont
suivre et dont quelques-uns sont entièrement nouveaux.

Les premières indications que nous possédons sur la
statue de la femme de Claude, nous sont fournies par

Gabriel de Lurbe. Voici comment l'auteur de la *Chronique Bourdeloise* (1) raconte la découverte des antiquités romaines parmi lesquelles brillait la Messaline (f° 37, v') :

« Le vingt-uniesme Juillet au dit an [1594] furent trouvées dans un champ hors la ville près le prieuré St-Martin, le long de la Divise, trois grandes statues de marbre blanc, avec quelques inscriptions latines, et autres antiquités, comme il appert amplement par le discours sur ce fait, cy-après inséré. Lesquelles statues et inscriptions, les Maire et Jurats en mémoire de l'antiquité, ont fait dresser et eslever en la maison de ville dans des niches richement élabourées, avec les armoiries du Roy et de la dite Ville, estant escrit au dessoub en un marbre, ce que s'ensuit :

M. S.

Statuas Drusi Cœs. Clavdii Imp. et Messalinæ Gothorum injuria mutilas, e ruderibus collis Iudaici, M. Donzeau Supp. Aquitaniæ, prope sacellum D. Martini extra muros, cum superi. inscriptionibus, anno Christi 1594 erutas. Iac. de Matignon Franc. Maresch. Aquitaniæ Prorex, et Major civitatis, F. de Girard de Haillan scutifer (2), M. Thibaut Advoc., F. Fouques, P. de Fortage scutifer, I. de Guerin Adv., et I. de Guichener Iurati Burdigalenses, præf. urbis, G. de Lurbe et R. de Pichon Advoc. et sc. scynd. et scr. civitatis hic in memoriam antiquitatis, et ad perpetuam Burdigalæ gloriam ponendas curarunt CIↃ. Ɔ. XCIIII.

MULTA RENASCENTUR. »

G. de Lurbe, nous l'avons vu, cite un *discours* spécial sur la découverte du 21 juillet 1594. Cet opuscule, écrit par lui-même, fut imprimé, d'abord séparément, peu de jours

---

(1) Bordeaux, Simon Millangès, 1594, in-4°.
(2) C'était le frère aîné de Bernard de Girard du Haillan, historiographe de France, né à Bordeaux en 1535.

après l'événement, et réimprimé, avant la fin de l'année, à la suite de la *Chronique Bourdeloise*. Empruntons quelques lignes au *Discours sur les antiquités trouvées près le prieuré Saint-Martin de Bourdeaux en juillet* 1594 (f° 42, v°):

« Le sieur de Donzeau, lieutenant particulier en la seneschaussée de Guyenne, faisant parmy des vieilles masures et murailles en un champ à luy appartenant hors la ville près le prieuré S. Martin, tirer de la pierre pour employer en bastiment, les manœuvres qu'il y avoit commis auroient le 21 dudit mois en bechant la terre trouvé dans icelle trois pieds ou environ de profondeur deux grandes statues de marbre blanc (1), une d'homme sans teste et bras, en habit de sénateur Romain, et l'autre de femme, ayant seulement perdu les bras, vestuë en matrone Romaine, avec sa robe et cotillon, qui se monstre par bas, plissées d'une admirable façon, monstrant le tetin droit à descouvert, et ses cheveux entortillés à l'entour de la teste, avec les places et marques pour y loger perles et pierreries, et couronne Impériale, chacune des dites statuës estant de six pieds de hauteur (2). »

Brantôme, mort, comme on sait, en 1614, est le second des écrivains classés par ordre chronologique qui aient décrit *de visu* la statue de Messaline. Il dut l'admirer peu de temps après qu'elle eût été découverte, comme le témoigne ce passage du traité intitulé *des Dames* (3) :

---

(1) L'auteur a dit *trois* dans la *Chronique*, mais au moment où il en rédigeait les dernières pages, ses souvenirs étaient moins précis qu'à l'époque où il composait son *Discours*, à la vue même, pour ainsi parler, des antiquités déterrées. D'après ce discours, ce fut seulement le 24 juillet que l'on trouva « une autre statue d'homme de pareille estoffe et grandeur, etc. »

(2) A la fin du *Discours* on a gravé l'image des trois statues. La gravure de la Messaline a été reproduite dans le numéro de l'*Art* déjà cité.

(3) *Œuvres complètes de Pierre de Bourdeille, seigneur de Brantôme, publiées d'après les manuscrits avec variantes et fragments inédits pour la Société de l'Histoire de France*, par Ludovic LALANNE, tome IX, 1876, p. 31.

« Qui a veu la statue de ladite Messaline trouvée ces jours passez en la ville de Bourdeaux, avouera qu'elle avoit bien la vraye mine de faire une telle vie (1). C'est une médaille(2) antique, trouvée parmy aucunes ruines, qui est très belle, et digne de la garder pour la voir et bien contempler. » Le chroniqueur périgourdin se livre ensuite à diverses considérations d'esthétique et de physiologie au sujet de cette « fort belle femme, de très belle haute taille, » des « beaux traits de son visage, » de « sa coiffure tant gentille à l'antique romaine. » J'y renvoie le lecteur qui ne redoute pas les gauloiseries du xvie siècle, et je me tourne vers un autre admirateur de la Messaline de Bordeaux.

Cet admirateur est le voyageur allemand Zinzerling, plus connu sous le nom de Jodocus Sincerus. On n'ignore pas qu'il s'est occupé avec la plus vive sympathie de la capitale de la Guyenne dans un chapitre particulier annexé, sous le titre de : *Appendix de Burdigala*, à son *Itinerarium Galliæ* (3). Zinzerling ne pouvait manquer de célébrer les monuments retrouvés en 1594, puisque, comme il le déclare lui-même, il obtint force renseignements du fils de Gabriel de Lurbe (4), et ce fils dut assurément placer entre

---

(1) La vie stigmatisée par Juvénal, dans des vers dont la brûlante verve n'a jamais été dépassée.

(2) Je suppose qu'ici *médaille* est un *lapsus calami*, le mot *statue* employé par Brantôme ne permettant pas de croire qu'il ait voulu parler d'autre chose que de l'objet en marbre qui figure dans les deux récits de G. de Lurbe.

(3) Éditions de Lyon, 1616, in-12, et 1626, in-12. La première édition de l'*Itinerarium* est de Lyon 1612. Dans l'avant-propos de l'*Appendice*, Zinzerling applique à Bordeaux le célèbre mot d'Horace : *Ille terrarum mihi præter omnes angulus ridet.* Comment cet érudit a-t-il été oublié par M. de Verneilh dans sa très intéressante étude sur *les anciens Voyageurs à Bordeaux* (*Recueil des Actes de l'Académie nationale des Sciences, Belles-Lettres et Arts* de cette ville, 41e année, 1879, p. 1-44.) Un archéologue tel que M. de Verneilh aurait tiré le plus heureux parti des descriptions bordelaises de Zinzerling.

(4) Weiss, dans l'article *Zinzerling* de la *Biographie universelle*, prétend que le voyageur reçut des renseignements de Florimond de Raymond.

ses mains le *discours* paternel. Fût-ce pour mieux marquer sa reconnaissance, que l'étranger, dans sa description de la Messaline, mit en latin (p. 28) les expressions mêmes de l'auteur du *discours*, lui prenant, par exemple, le *mamillam dextram palam ostendens* et le *capillis circum caput tortis?*

Des documents imprimés nous passons aux documents inédits. M. C. Ruelens, conservateur des manuscrits de la Bibliothèque de Bruxelles et secrétaire de la Commission instituée par le Conseil communal de la ville d'Anvers pour la publication des pièces relatives à la vie et aux œuvres de Rubens, m'a très gracieusement communiqué une lettre écrite en langue italienne par Peiresc au roi des peintres allemands, son ami intime, lettre qui figurera, avec toutes les autres lettres adressées à ce dernier par divers personnages célèbres, dans le recueil que la Belgique veut consacrer, comme un monument immortel, à la gloire d'un de ses plus grands hommes. Non content de me céder en tout l'éclat de sa primeur un aussi précieux document, M. Ruelens, doublant son bienfait, en a préparé pour moi la traduction littérale que voici :

« J'ai fait beaucoup de diligence, pendant le temps qui me restait [à Bordeaux] pour savoir d'où provenait ce camée [un camée représentant Messaline]. Je n'ai pu obtenir de certitude à cet égard: tout ce que je sais, c'est que le possesseur le tenait d'un parent qui avait été syndic de Bordeaux, et qui est décédé. Il est bien vrai aussi que,

---

Malheureusement pour Weiss et pour Zinzerling, l'auteur du Traité de la *Papesse Jeanne* était mort le 17 novembre 1601, alors que le futur auteur de l'*Itinerarium Galliæ* n'avait guère qu'une douzaine d'années. Ce fut le fils de Florimond de Raymond, François, conseiller au Parlement de Bordeaux, comme son père, qui renseigna Zinzerling et lui fit les honneurs du Musée fondé par celui que j'ai cru pouvoir surnommer le Dusommerard bordelais du XVIᵉ siècle (*Essai sur la vie et les ouvrages de Florimond de Raymond*, 1867, in-8º, p. 21). Voir en cette même page l'analyse de la partie de l'*Appendice* où Zinzerling énumère les statues qui décoraient le jardin de MM. de Raymond.

il y a quelques années, on trouva dans cette ville trois figures en marbre, très belles, dont deux étaient de sénateurs romains, mais sans les têtes, et une de femme, avec la tête. On a cru que cette dernière figure était une Messaline, et, en effet, elle ressemble beaucoup à ce camée, sans avoir le menton tortu (1) et avec une touffe de cheveux sur le front, comme dans sa médaille en or, mais avec une tresse pendant en arrière selon la coutume de ce siècle, comme dans son camée. Ce qui a donné occasion à la conjecture, ce sont deux fragments d'inscriptions, l'une en l'honneur de l'empereur Claude, l'autre en l'honneur de Drusus, que l'on jugeait être le père de Claude. On dit aussi que l'on trouva en même temps des médailles de Claude et de Messaline ; elles passèrent entre les mains du Maire et des Jurats ou syndics de cette ville. Ceux-ci firent placer ces statues dans l'Hôtel-de-Ville où on les voit encore avec ces fragments d'inscriptions; mais la pluie les a gâtées au point d'être à peu près méconnaissables. Je suis allé pour les voir, mais un peu tard et je suis au regret de ne pas les avoir considérées davantage. On en fait mention dans la Chronique de Bordeaux, publiée il y a quelques années. J'ai donné ordre de me dessiner la tête de cette statue. Je regrette d'être obligé de partir en hâte pour ne pas manquer d'être en Provence à l'ouverture du nouveau Parlement le 1er octobre. Le possesseur du camée voulait croire qu'il avait été découvert au même endroit que les statues, mais je ne me rends pas caution de ce fait. »

Cette lettre, conservée dans un des registres de minutes de la correspondance de Peiresc que possède la bibliothèque d'Inguimbert, à Carpentras (2), est datée de Cadillac

(1) M. Ruelens, dont la traduction, j'en ai averti, est absolument littérale, me fait observer que le mot italien *ritorto* signifie seulement, *tortu, entortillé*, mais que Peiresc a très probablement voulu donner un autre sens à ce mot. Il se demande si, en ce cas, *ritorto* ne désignerait pas un *double* menton.

(2) Tome V, fo 714-715.

17 septembre 1623 (1). Dix jours plus tard, Peiresc, étant encore au château de Cadillac, adressait à M. de La Houssaye à Bordeaux (2) cette lettre que je détache du recueil en préparation des lettres choisies du plus illustre de tous les abbés de Guîtres :

« Monsieur, encores que mes importunes affaires ou pour mieux dire ma mauvaise fortune m'ayent envié le contentement de vous gouverner et desrober quelque heure dans vostre cabinet entre vos muses et entre vos raretez (3), si ne laisray-je pas de me porter pour vostre serviteur, et en cette qualité je vous supplie de m'excuser si j'ay si mal satisfaict à mon debvoir et de me condampner en revanche à tout ce que bon vous semblera. Aussy bien suis-je resolu de vous servir en tout ce qui me sera possible et que vous disposiez de moy avec toute autorité. M. le prieur de Guistres (4) present porteur vous baillera un petit dis-

(1) On ne connaissait pas le séjour de Peiresc dans la princière demeure du duc d'Epernon. Gassendi lui-même, le si exact biographe de son meilleur ami, se contente de dire que Peiresc, revenant de Paris, où il avait passé plus de sept années, s'arrêta successivement à Orléans, à Angers, à Tours, à Bordeaux et à Toulouse, et qu'il reçut partout, mais notamment en ces deux dernières villes, des témoignages de considération et de bienveillance des hommes les plus distingués par leur rang et par leur savoir. (*Viri illustris Nicolai Claudii Fabricii de Peiresc, senatoris Aquisextiensis vita;* La Haye, 1651, p. 282).

(2) Je ne sais rien de ce M. de La Houssaye et je serais fort heureux que quelqu'un voulût bien me le présenter.

(3) Ce qui redouble mon désir de connaître M. de La Houssaye, c'est que, comme l'indique cette phrase, c'était à la fois un poète et un archéologue, dans tous les cas un collectionneur et un curieux, « le seul curieux », écrivait Peiresc à de Vris, le 8 juin 1626, « que j'aie vu à Bordeaux durant le peu de séjour que j'y fis ».

(4) Jean Duval, religieux de l'abbaye de Caunes, au diocèse de Narbonne, nommé prieur de Guîtres par Jean d'Alibert, abbé de Caunes, le 28 mai 1623. Peiresc confirma cette nomination et fit le P. Duval son vicaire général par un acte daté de Paris le 1er juillet de la même année. Cependant e P. Duval ne prit possession réelle que le 23 juin de l'année suivante 1624. (Bibliothèque de Carpentras, *Manuscrits de Peiresc*, Registre LI, fo 139, 140.)

cours sur une pièce antique assez extraordinaire (1) et vous
priera d'une faveur dernière que vous ne m'octroyerez pas
mal volontiers, je m'asseure. C'est qu'en partant on me
menet à l'hostel-de-ville où je vis une figure en marbre
qu'on attribue à Messaline et je la trouvay si belle, que je
suis resolu de la faire portraire et eusse envoyé querir un
peintre sur le champ pour luy ordonner sans [que l'on] me
persecutoit de partir à cause que la maree s'en alloit passer,
dont la presse fut telle que je n'eus pas mesmes le loysir
de considérer les deux fragments d'inscriptions qui sont
deça et dela pour essayer de les suppleer, comme je ferois
si j'avois au vray les lettres qui y restent. Je vous supplie
donc d'adresser un bon peintre audict sieur prieur, mon
grand vicaire, lequel puisse portraire curieusement la teste
de ceste figure en profil de la mesme grosseur qu'elle est
et lequel se puisse retenir dans la ressemblance et dans
l'observation de la coiffeure et de l'agencement de ses cheveux, montant plustost avec une eschelle, si besoing est,
pour la copier et recognoistre plus exactement; et quand il
aura achevé, je vous supplie de vouloir vous porter sur les
lieux pour en faire la comparaison en présence du peintre,
et faire rabiller ce que vous trouverez le plus à propos, et
le dict sieur prieur fournira à l'avance tout ce que vous
ordonnerez qu'on baille au peintre, car il ne se cognoist
nullement à cela. Que si par mesme moyen vous pouviez
vous donner la patience de faire prendre les lestres desdictz
fragmentz d'inscriptions ligne par ligne, vous m'obligeriez
bien de m'en faire part et de vouloir que quelqu'un des
vostres [porte] le pacquet chez M. Fiaris près la porte du
Chapeau Rouge qui me le fera tenir en Provence, et je tas-
cheray de vous servir en revanche, Monsieur, comme, etc.

---

(1) Ce *petit discours*, qui aurait été si précieux pour nous, ne paraît pas
nous avoir été conservé. Du moins je ne l'ai retrouvé dans aucune des biblio-
thèques où, soit à Paris, soit en Provence, on garde les débris des immenses
collections de Peiresc.

De Cadillac, ce 27 septembre 1623 (1).

M. de la Houssaye dut procurer à son correspondant ce que celui-ci lui demandait en ces dernières lignes, car, dans une lettre à Rubens que me communique encore mon très obligeant et très aimable confrère M. Ruelens, lettre datée d'Aix le 12 février 1624, Peiresc reproduit les inscriptions antiques qui lui avaient été envoyées de Bordeaux, reproduction qu'il faudrait comparer avec celle qui a été donnée dans le *Discours* de G. de Lurbe (pp. 42 v° et 43); il ne le contenta pas aussi bien en ce qui regardait l'image de la Messaline, comme le montrent ces plaintes de l'archéologue provençal à l'archéologue flamand : « Quant au dessein de la teste en marbre de Messaline, j'avois ordonné expressément de me la faire de profil et non autrement, mais on me l'a faite tout au contraire, on me l'a tracée presque de face, de sorte que l'on ne peut rien en conclure quant à la disposition de la chevelure, et c'est pourtant ce que je désirois ; de plus, le dessinateur ne l'a pas représentée complètement. Il faudra donc attendre un dessin nouveau pour avoir le profil. »

Trois et quatre ans plus tard, Peiresc s'occupait encore de la même statue, car il en demande un nouveau dessin, le 8 juin 1626, et un moulage, le 26 août 1627, à un très habile artiste qui habitait alors la ville de Bordeaux, au peintre Adrien de Vries (2) : « Pour l'empreinte de Messaline, je

---

(1) Registres des minutes de la correspondance de Péiresc, tome V, f° 716.

(2) Peiresc lui adressait, le 8 juin 1626, une lettre portant cette suscription : *A Monsieur de Vries, excellent peintre flamand à Bordeaux* (Registres des minutes, tome VI, f° 787, v°). Voir sur cet artiste si peu connu une remarquable monographie de M. Ch. Ruelens, enrichie de nombreuses lettres inédites de Peiresc, insérées sous ce titre : *Le peintre Adrien de Vries*, dans les premières livraisons du *Bulletin-Rubens* ou *Annales de la Commission instituée pour la publication des documents relatifs à la vie et aux œuvres de Rubens* (Anvers et Bruxelles, 1882, pp. 72-98, etc.), et tirée à part (brochure grand in-8 de 60 pages). J'en ai rendu compte dans la *Revue critique* du 11 décembre 1882. Est-ce de notre artiste « dont le mérite

vous remercie bien du soing; si vous la pensez avoir, il
fauldra prier M. d'Andrault (1) de la faire tenir à Paris chez
M. du Puy et de là je la retournerai plus facilement que
par Thoulouse, si ce n'est que le fardeau ne fut trop grand
pour un homme de cheval, auquel cas, mon homme le
pourroit apporter en s'en revenant, et toujours payera-t-il
le sculpteur qui l'aura moullée (2). »

De même que la *Chronique Bourdeloise* nous a fourni
les premières révélations sur la Messaline, la *continuation*
de cette chronique « depuis le mois de décembre 1671,

---

n'est pas ordinaire, » dit M. Ruelens, « puisque ses œuvres ont été attribuées
à Ferdinand Bol, à Van Dyck, à Rembrandt, que le Musée de Bordeaux possède un tableau qui, dans le catalogue de MM. Lacour et Delpit, est men-
tionné sous le nº 109, et dans le catalogue de M. Emile Vallet sous le nº 324 ?
Dans le premier de ces catalogues, le tableau est attribué à *Jean Fredeman
Devries, né en 1527, imitateur de Ruysdaël*, et dans le second de ces
catalogues, à *Renier Van Vries, fin du XVIIIᵉ siècle*. Suivant une piquante
remarque que j'emprunte à une lettre de mon maître et ami M. Jules Delpit,
« les premiers rédacteurs auraient commis une belle erreur en disant que
Devries imita Ruysdaël, puisque celui-ci lui est postérieur, mais le second
n'en aurait-il pas commis une plus belle encore, en plaçant au XVIIIᵉ siècle
un tableau que ses prédécesseurs croyaient être du XVIᵉ ? » La vérité est
que, s'il s'agit d'Adrien de Vries et non d'un de ses homonymes, il n'aurait
fallu le mettre ni aussi haut que le commencement du XVIᵉ, ni aussi bas
que la fin du XVIIIᵉ. Adrien appartient à la première moitié du XVIIᵉ siècle.

(1) Sur ce conseiller au Parlement de Bordeaux, grand ami du conseiller
au Parlement de Provence, voir le premier fascicule des *Correspondants de
Peiresc. Dubernard*, 1879, pp. 6 et suivantes. J'ai publié dans la *Revue
catholique de Bordeaux* du 16 novembre 1882 (pp. 696-698) un extrait
d'une lettre de d'Andraut sur la procession du Jubilé à Bordeaux en 1636.

(2) Dans cette lettre, tirée du tome VI des Registres de minutes déjà si
souvent cités, Peiresc accuse réception à *M. de Vries* du portrait du cardinal
de Sourdis, ajoutant qu'il a trouvé ce portrait « très bien faict. » Il faudrait rechercher cette toile. M. Ruelens serait tenté de croire que c'est le
tableau du Musée de Berlin classé sous le nº 803. Voir le catalogue publié
en 1878 par le Dᵉ Julius Meyer et le Dᵉ W. Bodde, p. 442. Le passage relatif
au moulage demandé à de Vris est à la page 13 du tirage à part de la notice
de M. Ruelens. Le passage relatif au dessin demandé l'année précédente au
même artiste est à la page 52.

jusqu'à la fin de 1700 » publiée en 1703 (1) nous fournit le peu que l'on sait sur la définitive disparition de la statue dont la beauté avait ravi un connaisseur tel que Peiresc. Ce fut en 1686, 92 ans après la découverte de ce trésor, que les flots l'engloutirent, comme nous l'apprend ce triste et sec récit du dernier des continuateurs de G. de Lurbe (p. 112) :

« Du même jour (12 octobre), M. de Besons, intendant de la province, ayant fait connoître que le Roy seroit bien aise d'ajouter aux ornemens de Versailles celuy de quelques statues antiques, il fut délibéré qu'on offriroit celle de la Messaline qui étoit dans une niche de l'Hôtel-de-Ville. Le Roy ayant eu la bonté d'accepter l'offre desdits sieurs jurats, et de les en remercier par une lettre écrite par M. de Châteauneuf, secrétaire d'Etat, cette statue qui étoit une des plus belles et des plus curieuses de l'antiquité, fut envoyée en cour dans un bâteau chargé de marbre qui périt malheureusement, et fit nauffrage dans l'embouchure de la Rivière. »

De cette oraison funèbre d'une statue *qui était une des plus belles et des plus curieuses de l'antiquité*, tirons cette moralité : il ne faut jamais faire voyager des objets d'art dont la perte serait irréparable, même quand on destinerait ces objets d'art à un palais aussi splendide que celui de Versailles et à un roi aussi grand que Louis XIV.

(1) Bordeaux, Simon Boé, in-4º.

7921. — Bordeaux, Vᵉ Cadoret, impr., rue Montméjan, 17.

Lightning Source UK Ltd.
Milton Keynes UK
UKHW010823160223
417122UK00011B/1184